La Vida del Arco Iris

The Rainbow's Life

Author and Illustrated By

M. Rosario Acuña-Hilton

La Vida del Arco Iris
The Rainbow's Life

All Clips Arts are taken from Power Point (public domain).

Designed by M. Rosario Acuña-Hilton

Book and Cover designed © by M. Rosario Acuna-Hilton

Edited by Jerry M Hilton

Published by M. Rosario Acuna-Hilton

Printed by Create Space

ISBN-13: 978-0578198248

ISBN-10: 057819824X

Introducción
Introduction

Este cuento para niños inspirado por Dios para introducirles a los niños los conceptos de las promesas que Dios nos ha dejado a través del Arco Iris que todos admiramos cuando lo vemos a través de la tierra.

This children's story has been inspired by God, to introduce children the concepts of God's given promises' through the Rainbow that, we all admire as we see it through the entire earth.

Acknowledgement
Reconocimiento

A Dios doy todo mi honor y toda alabanza por abrir mi entendimiento para poder instruir a los niños su palabra utilizando su creación para comunicarnos su corazón.

To my God be all honor and praise for opening my spiritual eyes to comprehend and teach children his word utilizing his creation to share God's heart.

La Historia del Arco Iris

Yo soy el Arco Iris, y...
¿saben que? Me encontraba
escondido entre las nubes y
hacia muchos días que solo
era lluvia.

Y cierto día me dijo Dios:
Desde hoy aparecerás a mis
hijos a los que yo he salvado
del diluvio y saldrás cada vez
para recordarles que ya no
habrá más otro diluvio.

1

The Rainbow story

I am the Rainbow, and …Do you know what? I was hidden above the clouds because it was raining for many days.

And one certain day, I received an order from God to show myself to his children that, he has saved from the flood and to remind them that never again would there be any more flood.

La Historia del Arco Iris

Creo que habían Pasado varias semanas desde que recibí la orden de Dios . Cierto día me di cuenta que la lluvia estaba cesando y me dije. ¡Bueno!, ¿será que ya se acerca ese día tan grande cuando Dios quiere que yo "EL Arco Iris" me aparezca y muestre su misericordia a sus hijos? Creo que habían pasado casi 20 días desde que había empezado a llover.

The Rainbow story

Many weeks have passed since I had received God's command I believe?

A certain day, I noticed that the rain started to cease and I said to myself. Well! It must be getting closer to the great day when God wants me, **"I The Rainbow"** To show God's mercy to his children. I think, 20 days has passed since the rain started.

La Historia del Arco Iris

Me parecía que me estaba inquietando por que veía que llovía, llovía y llovía.
Yo, "EL Arco Iris" quería ver a el sol, pero no era posible verlo todavía.

Saben que, me puse a sacar la cuenta de cuantos días habían pasado ya, y! ¡caray! ¡uy! eran ya 30 días desde la ultima vez que empecé a notar cuantos días de lluvia habíamos tenido ya.

The Rainbow story

Though, I was getting anxious because the only thing I could see, was rain, rain, and rain. I, "The Rainbow" wanted to see the sunshine again, but it was impossible to see it yet.

Do you know what? I started counting how many days had passed and I realized, it was 30 days wow, woow, since the last time that I started noticing how many days we had of rain.

La Historia del Arco Iris

Había pasado ya varias semanas y días cuando El Arco Iris dijo de pronto...¡Oh Dios! ¿como se me olvidó lo que Dios me dijo? ¿A quién le podré preguntar?

Si, se me ha olvidado lo que me dijo Dios... En ese momento vio pasearse una palomita y dijo:
Ya se, ya se, ya me acuerdo umh!. Que bueno, que esa palomita me ha traído a mi memoria lo que Dios quiere que haga.

7

The Rainbow story

Weeks and days passed, when all of sudden "The Rainbow" said: ¡Oh my Goodness! How I have forgotten what God had told me? Who will I ask?

If I have forgotten what God has told me...at that moment he spotted a dove and said to himself: now I know, I know, I remember.
That's good, the dove brought to my memory what God has told me to do.

La Historia del Arco Iris

Ahora que Yo, "El Arco Iris" me volví a recordar lo que Dios me había dicho y me dije: Esa palomita debe estar buscando un lugar seco para descansar, me di cuenta que ya no llovía y habían pasado 40 días.

Inmediatamente me alegré porque me di cuenta que pronto iba a poder **obedecer a** lo que Dios me había ordenado.

9

The Rainbow story

Now that I, The Rainbow have remembered what God had told me to do, I said to myself: Umh! That dove must be looking for dry land to rest, but I noticed that it had stopped raining after 40 days.

And I got very happy, because soon I was going to be able to **obey** what God had commanded me to do.

La Historia del Arco Iris

Yo, "El Arco Iris" me la pasaba contando los días uno, dos, tres cuatro… y casi después que paro de llover una semana mas tarde o sea 7 días vi a otra palomita volar pero esta vez llevaba un pedacito de las hojas de una planta en el pico que no se si era…bueno tal vez hoja de oliva y era verde.

The Rainbow story

I, "The Rainbow" spend my time counting the days, one, two, three, four... and almost a week later after it had stopped raining at least 7 days later, I saw another dove flying around and at this time, it had a leaf in his beak which, I couldn't recognize what kind, but... I think it was an olive leaf and it was green.

La Historia del Arco Iris

Y continuaron los días nublados sin lluvia por muchos mas días. Tan solo que el agua no bajaba.

Y Yo, "EL Arco Iris" siempre estaba atento y esperando con mucha paciencia.

El agua, no bajaba y pasaron muchos meses y yo esperé y esperé y pasaron diez meses, y aun ellos no salían del barco porque el agua aun cubría la tierra.

13

The Rainbow story

Many days had passed without any rain but still cloudy.
Only one thing, the water did not want to go down yet. And I, "The Rainbow" with much patience and alertness, I was always waiting.

There was many months went by and I waited and waited at least 10 months and the water, still did not go down. They never came out of the ark because the earth was still covered with a lot of water!

La Historia del Arco Iris

Un día me dijo Dios… te he visto que tratas de asomarte para ver como están mis hijos.

No te preocupes que tanto ellos como tu están deseosos de salir del arca.

Una de las razones es porque han estado dentro del barco con toda especie de animales que yo ordené para que se salvaran.

The Rainbow story

God told me one day : I have seen you how you have been trying to see how my children are?

Don't you worry, my children are as anxious as you are ready for them to get out of the boat.

The reason why is because, they have been there with all the animals, that I chose to be saved.

16

La Historia del Arco Iris

Llego el día esperado, el agua empezó a bajar, bajar, y por fin bajo!

De pronto…, el barco quedo encima de una montaña y había pasado casi un año cuando pudieron salir del arca.

Yo, El Arco Iris, estaba esperando ese gran momento!

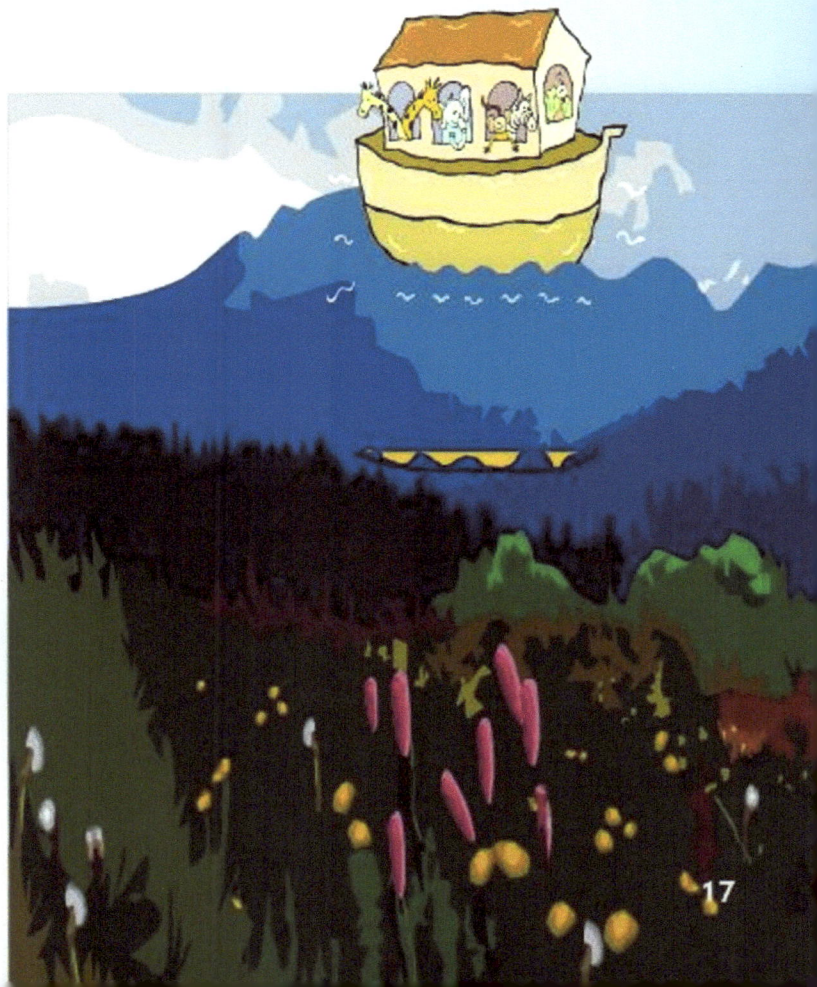

17

The Rainbow story

The great moment has arrived, the water started going down, down, and finally down!

All of a sudden… the boat got stuck on top of a mountain and this happened after a year later, when they were able to get out of the ark.

I, "The Rainbow," was waiting for that great moment!

18

La Historia del Arco Iris

Yo, "El Arco Iris." esperé por la gran señal de Dios, porque Noé tenia que dejar salir a cada animal primero.

Yo, vi como salían los animales de dos en dos, y cada uno por su especie.

Creo que paso un largo tiempo hasta que cada animal salió del arca de Noé.

19

The Rainbow story

I, "The Rainbow," waited a long time for God's great signal, because Noah has to let go every single animal.

I, saw how every single animal was getting out two by two according to their species.

I think, it took a long time for every single animal to leave Noah's ark.

La Historia del Arco Iris

¡Oh! Que alegría me dio cuando vi salir del arca a la familia que Dios había salvado del gran diluvio.

Yo, "El Arco Iris," me presenté delante de ellos para recordarles el pacto que Dios había hecho con ellos.

21

The Rainbow story

Oh! What a happy day when I saw God's family whom he had saved from the flood to get out of the ark.

I, "The Rainbow," came before them to remind them about the covenant that God had made with them.

La Historia del Arco Iris

Dios les dijo: Que Yo, "El Arco Iris" estaría entre las nubes y que yo sería como una señal de pacto entre Dios y la tierra.

Yo, "El Arco Iris," iba a recordarles siempre a ellos que Dios nunca mas iba a traer un diluvio sobre la tierra.

Y así fue que mi vida de Arco Iris empezó hasta la presente.

The Rainbow story

God told them, that I, "The Rainbow," would be between the clouds and I should be as a token of a covenant between me an the earth.

I, "The Rainbow," was going to remind them always, that God was never going to send more floods on the earth.

And that is how my life as a Rainbow started until the present time.

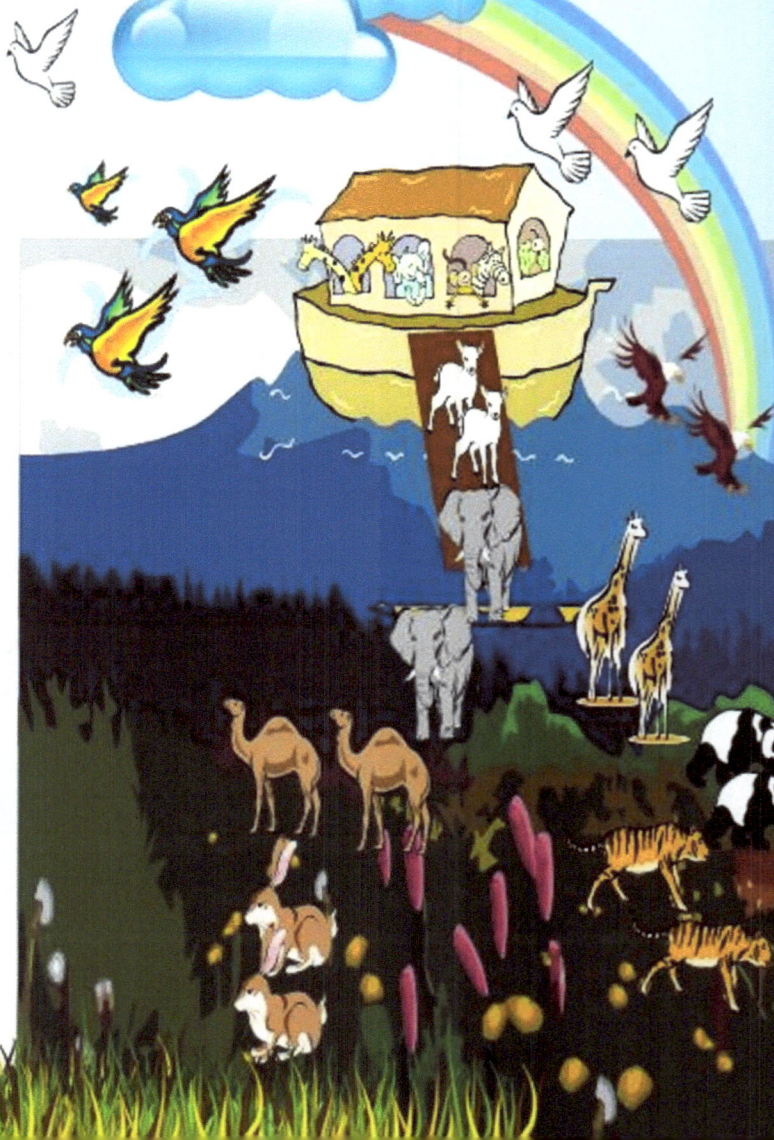

www.ingramcontent.com/pod-product-compliance
Lightning Source LLC
Chambersburg PA
CBHW060816090426
42737CB00002B/80